고이오이

고이오이

초판 1쇄 발행 2025년 9월 12일

지은이 남대희
펴낸이 장현수
펴낸곳 메이킹북스
출판등록 제 2019-000010호

디자인 홍규선
편집 최미영
교정 안지은
마케팅 김소형

주소 서울특별시 구로구 경인로 661, 핀포인트타워 912-914호
전화 02-2135-5086
팩스 02-2135-5087
이메일 making_books@naver.com
홈페이지 www.makingbooks.co.kr

ISBN 979-11-6791-756-0(03810)
값 10,000원

ⓒ 남대희 2025 Printed in Korea

"이 책은 충청북도, 충북문화재단의 후원을 받아 문화예술지원사업의 일환으로 발간되었습니다."

홈페이지 바로가기

메이킹북스는 저자님의 소중한 투고 원고를 기다립니다.
출간에 대한 관심이 있으신 분은 making_books@naver.com로 보내 주세요.

고이오이

남대희 시집

메이킹북스

시인의 말

종종
말보다 오래 남는 것들을 마주한다
흐릿한 창문 위 손자국
벽시계가 되뇌는 한낮의 정적
바람이 흔들다 지나간 빨랫줄의 그림자
이 시들은 그런 것들에서 시작되었다
기억이라 부르기엔 조용하고
풍경이라 하기엔 너무 가까운
시간의 부스러기들
그것들을 눈여겨보았다
사라지는 찰나 속에 머무는 감정
아무 말도 하지 않는 사물들의 표정
그렇게 모아진 것들
당신의 하루 어딘가에
조용히 놓여 있기를

2025년 늦여름
남대희

차 례

──────────────── **제1부.** 조용한 것들의 풍경

──────────────── **제2부.** 계절의 숨결, 자연의 심상

제3부. 도시와 시간의 피부

제1부.

조용한 것들의 풍경

말 없는 사물들이

가장 오래 기억을 품는다

닳은 지우개, 멈춘 시계, 찻잔 속 고요

삶은 어쩌면 그런 사소한 흔들림의 기록

갯바위

말 걸 곳 없는 날이었다
바다는 갯벌의 시간이었고

돌아본 길엔
파도처럼 부서진 발자국뿐

썰물 후 한참을 앉아
등을 말렸다

그저,
그 자리에
깊이 박혀 있는 것만으로도
흔들리지 않는 위로였다

등대

밤의 어둠이
바다의 등을 쓰다듬을 때가 있다

빈 모래밭엔
파도가 이름을 지우려 다녀갈 때가 있다

돌아서는 물결 사이
눈 감고 서 있는
불빛을 본 적 있다

울음을 삼킨 뒤
다시
길을 찾은 일이 있다

책상 위 지우개

모서리 닳은 지우개
나무 책상 위에 놓여 있다
연필 가루 묻은 채
햇살은 비껴가고
접힌 종이 한 장
가장자리에 먼지가 앉는다

아무 일도 없는 한낮
바람 한 줄기
방 안을 느리게 건너가고

벽시계

시침과 분침 사이
침묵이 미끄러진다
고요한 벽 위로
그림자가 번지고

아무도 보지 않는 오후 두 시
초침 소리
한 방울씩
방 안에 아득히 고인다

창문

빼꼼 열린 창문 너머
바람이 지나간다

얇은 커튼이
한 번 흔들리고
멈춘다

손자국 하나
희미하게 남아
햇살을 걸러낸다

빨랫줄

젖은 수건이
가만히 매달려 있다

줄은 약간 늘어졌고
바람은
그냥 지나간다

집게 하나
줄을 문 채
배틀배틀 흔들린다

조각배

해변
덩굴 아래 반쯤 가려진 배
부러진 노 안고 기울어 있다

바다를 나르던,
날 밝기도 전 물을 밀며
바람보다 먼저
포구를 돌아오던

지금은
움직임 없이 말라 있을 뿐

아버지
오래된 라디오를 켜고
묵은 시간을 듣고 계신다

조각배가
아버지 같다
버려진 것이 아니라
다 건넜다는 듯

찻잔

빈 찻잔
빛이 비켜간다

책은 덮였고
시간도
한 장을 넘기지 못했다

탁자 위
그림자만 남아
밤을 데우고 있다

단추

가슴팍 단추 하나
톡, 떨어졌다
접혔던 속살이 배시시 내다본다

갑자기
어둑했던 주위가
화들짝 밝아지고
보이지 않던 사람들
와글와글 모여들고
마을버스 배차 시간도
두 배로 길어졌다

단추 하나가 요술을 부렸다

어쩌면 살면서
내 요술에 내가 걸려
매일매일을 휘청거리고 있는지도

식사 후 의자

식탁 의자
뒤로 밀려 있고

등받이엔
햇빛이 기울어 앉아 있다

의자는
비어 있고

자리에 엉킨 대화들
천천히 접혔다

찻잔과 장미

찻잔 옆
반쯤 젖은 엽서

유리창 너머
빗물 따라 흐르는 빨강

식탁 모서리에 놓인
가위 하나

그 곁에
조용히 누운 한 송이 장미

식탁 위 장미

식탁 끝에
꽃병

빛이 누운
창턱의 가의

젖은 엽서 한 장
모서리 들려 있고

찻잔 속
반쯤 남은 시간

병에 꽂히지 못한 장미

난로 위 주전자

은색 주전자
난로 위에 얹혀 있고
끓는 것도
울컥대는 것도 아니고 조용히
속을 데우고 있는 중
이따금 김이 새어 나올 때면
엄마 숨결 같아서
괜히 등을 곧게 편다

밖은 눈발이 날리지만
방 안은
주전자 하나로
봄날 같다

제2부.

계절의 숨결, 자연의 심상

잎이 흔들리고 꽃이 피고 지는 일

바람에 실려온 기억과 햇살이

가만히 마음의 가장자리를 물들인다

계절은 늘 조용한 말로 말을 건다

나목 1

잎 벗은 나무
비로소 자신을 드러내다

바람이 지나며
속삭이듯 묻다
그토록 푸르던 날들 어디로 갔느냐고
침묵으로 대답하는 가지 끝
햇살이 내려앉아
아직 남은 것들 어루만지다
잃어버린 것 많아질수록
더 단단해지는
겨울을 견디는 것이 아니라
겨울이 되어가는 중
기다림이 깊어질수록
봄은 가까워지고

나목 2

바람이 벗겨낸 옷자락 아래
벌거벗은 생각들 서 있다

가진 것 내려놓고서야
비로소 선명해지는

하늘이 깊어질수록
뿌리는 아래를 껴안고
침묵 속에서도
봄 밀어 올리는

빈 가지마다
속으로 속으로 꽃 피었다

가을

아침 산책길에서
듣는 바람의 소식

나무가 흘린 눈물
풀잎 끝에 맺혔다

해는 짧아지고
긴 밤이 온다 해도
마음은 아직
여름을 기억한다

가슴 깊이 스며든
향기와 고요함
그 안에서
다시 한 번 만난다

이별을 준비하는
가을의 잔잔한 속삭임

기억의 잔상

바람이 옷깃을 당긴다

가지 끝 마지막 남은 잎새
카펫처럼 펼쳐진 낙엽들
서늘한 회색빛 하늘
저녁연기 냄새
난로 속 장작 타는 소리
가로등 불빛 그 아래
투명한 이슬 서리로 변해가는
창가에 놓인 말린 국화
멀리서 들리는 까마귀 울음
텅 빈 공원의 벤치

모든 것이 천천히 멈추는 순간
시간은 흐르지만, 기억은 그 자리에 남아

소설 즈음

개울가 풀들 누웠고
지난여름 기억들 애써
일으켜 세운다
입동이 지났으므로
마를 것들은 다시 몸을 눕혔다

햇살이 물 위에 누워 한 번씩
손가락을 튕겼다 접는다
그 위로 물까치 그림자
슥
지나간다

춘분과 오리

냇물에 오리가 담겨 있다

물속은 고요해서
날갯짓 소리도 숨는다

봄날이라서
미나리 싹이 바쁘다

수초 뿌리에 걸린
스티로폼 박스가 초조하다

햇살이 바장거릴 때마다
물결은 반짝이고
머리 담근 오리
엉덩이 위로 하늘이 둥글다

자전거 타고 가던 학생이
쳐다보고 히죽 웃고 간다

가을 길

길 위에 떨어진
노란 하루가 짧다

발자국이 먼저 읽고 간
잎맥의 단어들
그것은 나무의 일기
가을이 쓴 필사본

걸음을 멈추게 하는
노란 페이지
길은 매일
조금씩 넘겨진다

잎맥의 기록

길이 놓인 곳마다
은행잎의 노란 손금

바람이 지워낸
시간의 지문 위로
네 뒷모습이
스쳐갔다

남은 온기가
가을의 안부를 대신하고
떨어지는 잎 하나로
도시가 한꺼번에
돌아눕는다

그 길의 기억

구름이 지나가고
햇살이 잠시 길 위에 앉았다 간 자리
은행잎들
낮게 내려앉았다

아직 끝나지 않은
계절의 말이
바람 속에 머물고
지나간 사람들
저마다 다른 발자국으로
길 위에 하루를 새긴다

어느 날 문득
그 길에 서서 돌아보면
내 그림자만
노랗게 흔들리고 있을까

멀리서
누구를 기다리듯
길은 매일 조금씩 기억을 지운다

은행잎

아침에 문을 열었더니
은행잎 먼저 지나갔다

햇빛과 바람의 문장으로
잠깐 흔들리더니
곧바로 길 위에 눕는다

가을은
떨어지는 일로
매일 새롭게 쓰이고

오늘
한 줄의 낙엽을 밟으며
멀리서 온 편지를 읽었다

가을의 길목에서

은행잎이 바람에 흩날리는 오후
길 위에 그림자가 노랗다

지나간 계절의 속삭임
발끝에 머무는 듯

구름 사이로 햇살이 스며들고
그 빛에 물든 나뭇잎들
조용히 손을 흔든다

가을의 한 페이지 속에 갇힌
이 순간

이팝꽃이 피었다

세상은 갑자기 환해지고
어디론가 떠나야 할 것 같다

피었다는 말은
곧 진다는 말

이 계절에도
이팝꽃은 하얗다

흰색은 고요하고
흰색은 환하고
말없이 어둡다

피었다는 말이
멀리서 바람을 몰고 온다

문득
흰색의 안쪽을 보면

꽃은 피면서도
이미 떠나고 있다

이팝꽃 피던 날

하얀 쌀밥 같은 꽃이
마을의 허기를 채운다

꽃 아래 서면
눈이 부시고
마음은 여름까지 걸어간다

나무 한 그루가
계절의 이름이 되고
꽃잎 한 장이
세상의 흰색을 다 칠한다

바람이 불어오면
마을은 하얗게 흔들리고
사람들은 피어난 꽃들로
계절을 기억한다

꽃이 피었다는 말
환해졌다는 말
그늘도 짙어진다는 말

떨어진 꽃잎
바닥을 채우면
사람들 발걸음이 흰색으로 물든다

이팝꽃 아래서

흰 꽃 아라 서면
내 잃어버린 것들
문득 그리워진다

한 생을 ㅍ우듯
하얗게 흔들리는 꽃송이들 흐드러져
스스로 눈부신 계절이 된다

꽃 피우는 일
마음의 가장자리로 밀어두고
다시 길 ㄸ났지만

꽃 가만히 피어서
자꾸 뒤돌아보게 한다

꽃 환한 ㅈ 아래
슬픔은 작아지고
멀리 보이던 언덕이 가까이 온다

잠시 서 있는 것만으로도
삶은 이토록 하얗게 넘실대는데
이팝꽃 지는 마을에서
오늘 오래도록 서성이겠다

이팝꽃 진 자리

꽃이 떠난 자리에
흰 바람이 눕는다

이팝나무 잠시
눈부신 꿈을 꾸었나

고개 들면
꽃 지던 시간 위로
하얀 길이 오고

모든 피어난 것들
사라지면서 환해진다

빈 가지 위
무수히 남은 햇살
꽃 진 자리 채우고 있다

저렇게 떠난 뒤에야
더 오래 남는 것이 있다는 듯

흰 바람은 아직도
이팝꽃 진 자리에 눕는다

흰 불꽃 같은 나날

이팝꽃이 피었다
구름이 내려앉아
온 세상 부드럽게 눈을 뜬다

눈부신 아침
하얀 숨결이
나뭇가지 끝마다
조용히 꽃불을 켠다

그 아래
잠시 멈춰 서서
하늘을 올려다보는 사람들

돌아갈 길을 잊고
오지 않을 이를 기다리듯
꽃 그림자 위에
작은 그리움 남겨둔다

계절은
꽃잎의 무게만큼
흩날리고

흰 불꽃 같은 나날은
잠시 피었다가
곧 바람에 스러지리

이팝꽃 아래 서면
문득 삶이
한 움큼 꽃으로 피었다 지는
고요한 일임을 알겠다

모과나무 아래서

햇살은 여문 열매를 더듬고
오래된 기억들 노랗게 익었다

계절은 다시 오지 않지만
그늘은 늘 그늘에 앉아 있다

모과 하나
뚝, 떨어지는 오후
향기도 함께 떨어지는

제3부.

도시와 시간의 피부

붕어빵 화덕 옆 아이의 눈빛

가로등 아래 식은 발자국

도시는 침묵 속에서

천천히 자기 얼굴을 비춘다

삼거리 붕어빵

오래된 이층집 그림자 아래
작은 화덕 오늘도
불을 품는다

온기를 접어 넣은 손바닥
금빛 붕어 한 마리씩 낳을 때마다
세상은 잠시 따뜻해진다

가로등 아래 쪼그려 앉은 아이 눈동자에
겨울이 구워지는 냄새

겨울 삼거리

길모퉁이
바람이 골목을 문지르고
붉은 손등에 김이 오른다

지나는 이들 말없이 서서
지폐 몇 장 건네고
기억처럼,
붕어 몇 마리 데려간다

시간은 구워진 밀가루 사이로 스며들고
소리는 눈처럼 내린다

겨울 도시 1

차가운 유리창 너머
나뭇가지들 맨살을 드러내고
건물의 입김이 낮게 깔린다

횡단보도에 사람들
침묵이 담요처럼 쌓이면
신호등도 잠시 눈을 감는다

아스팔트 위로
녹지 않는 하루가 무겁게 지나간다

도시의 겨울밤

전깃줄에 걸린 달빛
하루치 피로처럼 흔들린다

빈 버스정류장 의자 위
방금 떠난 사람의 온기가
눈발 사이로 천천히 식는다

창문마다 켜진 불빛은
가족이란 말없이 말하는 언어

가로등 아래 겨울

눈 내리는 밤
가로등 혼잣말처럼 빛을 켠다

그 아래 멈춘 발자국
기억 속 누구를 기다리는 듯

바람은 지나가며 옷깃을 여미고
빛은, 차마 닿지 못한 마음을
끝내 비추고 만다

가로등 빛

가로등 불빛
내리는 밤
눈보다 먼저 내려
마음보다 늦게 스민다

길 위에 비친 불빛은
외로움이 지나간 자리

가로등 불의 시간

가로등 켜지면
도시는 천천히 저문다

잊힌 말들 눈처럼 쌓이고
멀어진 얼굴들 불빛 아래 스친다

오늘도 한 자락 어둠을
조용히 데우는 중이다

가로등 풍경

저녁이 스미는 골목 끝
가로등 하나 서 있다

발자국들 오래 품어
빛은 조금씩 기억이 된다

불빛 아래 멈춘 그림자
말 대신 서로의 체온을 비춘다

골목의 불빛

낡은 골목 끝에
가로등 밤을 붙잡고 있다

얼룩진 담벼락 위로
낮은 숨결처럼 빛이 흐르고
지나간 이름이 조용히 돌아본다

세상이 멈춘 듯 고요한 그 자리
지나간 이별은 여전히 머물고 있다

불빛 아래에서

바람이 옷깃을 스치는 밤
가로등 아래 웃고 있던 얼굴이 생각난다

손을 흔들던 그때의 넌
빛보다 따뜻했고, 어둠보다 선명했다

조용한 풍경 속에서
시간은 자꾸 그 순간으로 되돌아간다

가로등 너머

하루의 끝자락
가로등이 조용히 문을 연다

빛은 발밑은 비추지 않고
마음 어두운 구석을 더듬는다

불빛 지나
오늘과 어제가
조용히 마주 앉아 있다

겨울 도시 2

1
회색 빌딩 틈 사이로
직박구리가 날아든다
붉게 마른 나뭇잎이
아직 굳지 않은 하늘을 붙잡는다

2
지하철 소음 위로
참새들이 흩어진다
사람들 어깨 위로 쌓인 침묵은
눈 대신 얼어붙는다

3
공원의 벤치
빈 종이컵 옆에 앉은 비둘기
바람이 담배 연기처럼 지나가고
떠난 발자국은 되돌아오지 않는다

4
노을 젖는 창틀에 앉은 새
도시의 마지막 불빛을 물고 있다
그 아래 우리는
서로의 어둠을 창문 너머로 바라본다

한강변의 새

1
강물 위
백로 한 마리
고요를 헤집는다
물비늘은 날개처럼 떨린다

2
자전거 도로 옆
버드나무 가지 끝에 앉은 직박구리
지나가는 러너의 음악이
잠시 깃털을 스쳐간다

3
둔치의 빈 벤치엔
햇살이 남긴 온기 한 점
그 옆에 있는 까치가
어디론가 전화를 걸 듯 울고 있다

4
강물에 비친 철새의 궤적
도시는 그 그림자를 오래 품고
우리는 떠나지 못한 날개의 흔적을
물가에서 천천히 읽는다

봄비 내리는 한강에서

1
비 내리는 강 위로
쇠오리 몇 마리
물결 따라 흐르며
봄의 첫 문장을 쓴다

2
우산을 쓰고 걷는 사람들 곁
비둘기가 날개를 턴다
젖은 공기 속에서
깃털은 더 미끈해진다

3
벚나무 아래
참새들이 빗물에 젖은 꽃잎을 쫀다
한강은 오늘도
잊힌 계절을 부드럽게 씻어낸다

4
비가 그친 오후
하늘 한쪽에 번지는 무지개 틈으로
한 무리의 제비가 날아오른다
우리는 날갯짓 끝에
작은 내일을 걸어 둔다

봄비, 한강, 새들

1
합정 쪽 강변북로 아래
쇠오리 몇 마리
빗속을 헤엄치고 있다
차창에 묻은 물방울만큼 고요한 오후

2
젖은 운동화로 걷는 사람들
우산을 접으며 스마트폰을 확인한다
그 틈에서
비둘기 몇 마리 젖은 깃털을 턴다

3
편의점 앞 벤치에
반쯤 마신 캔커피
비둘기 한 마리 내려앉는다
사람도 새도 목이 마르다

4
비가 잦아든 저녁
뚝섬 자전거길 위로
제비들이 낮게 돈다
우리는 퇴근길, 그 소리를 그냥 지나친다

제4부.

새가 있는 풍경

새들은 말 대신 하늘을 남긴다
날갯짓 하나, 그림자 하나가
빛보다 먼저 계절을 건너간다
마음이 가장 가벼워지는 순간

기도 같은 하늘

1
새
가지 끝에 몸을 접는다
무게보다 가벼운 하루가
잎사귀 위에서 떨린다

2
들판
해 질 무렵의 빛을 쫓아
떼지어 나는 선율은
바람보다 먼저 저물고

3
지붕
늙은 까마귀 우두커니
세상의 무게를 지고
하늘을 바라본다

4
혼자
그들이 지나간 하늘 틈에서
무엇이 날아가고 무엇이 남았는지를
한참 동안 잊은 채 서 있다

새의 그림자

1
빨랫줄에 앉은 참새 한 마리
흔들리는 그림자
햇살보다 먼저
하루를 심다

2
전깃줄에 까치
침묵이 길어질수록
눈빛으로 말하는
그 말끝 기다리다

3
들판 허수아비 곁
한 무리 새들 스쳐가다
텅 빈 팔 아래로
바람이 그들을 붙잡다

4
이따금 날개 소리
마음을 스치다
아직,
하늘의 빈자리에 귀 기울이다

새들의 정오

1
담쟁이 덩굴 위로
햇살이 물관을 데우는 시간
날아온 한 마리 새
조용히 바람을 읽는다

2
지붕 끝에 앉은 새
잊고 있던 노래를 불러
하늘은 점점 푸르게 번지고
기억은 깃털처럼 가볍다

3
텃밭 한 켠 흐미질 위로
그림자처럼 스치는 날갯짓
삶은 그렇게 잠시
공중을 산책하고

4
바람이 머문 자리
날아간 새들의 언어만 남아
정오의 마을엔
작은 숨결들르 가득 차고

새벽의 언어

안개 속에서
처음 말을 건 건 한 마리 새였고
뒤를 따라
푸른 소리들이 깃을 폈다

나무의 심장은
오늘도 날아오른다

전신주에 앉은 비둘기

비 오기 전 흐린 오후
전신주 꼭대기에
앉았다

팽팽한 전깃줄
발바닥 간지럽다
마음처럼

버스 몇 번 지나가고
신문지 같은 하루가
구겨진 채 날아갔다

날지 않고
버티는 법을 익히는 중이다

제5부.

어머니와 옛집

마루에 앉은 엄마의 발등
고무신, 마른 빨래, 모깃불 통
잃어버린 시간은
어머니라는 이름으로 돌아온다

엄마 집 마당

비가 그친 후
마당 한가운데
웅덩이 하나 생겼다

뒤집어진 고무 대야가
거꾸로 구름을 품고 있다

까치발로 서 있는
고양이 눈어
푸른 하늘이 가라앉는다

옛집에서 1

발가락 사이로
진흙이 말라가는 동안
울 엄마 마루에 앉아 있었다

소리 없는 하루가
발등을 지나갔다

옛집에서 2

빨랫줄 너머
바람이 저고리를 흔들어 말렸다

엄마가 등을 보이고 앉아 있었다
햇빛이 지붕 너머로 내려와
그 어깨를 오래 쓰다듬었다

옛집에서 3

뒤축이 무너진 고무신
대문 밖을 보고 있다

엄마의 눈빛이
아직 돌아오지 않은
식구의 이름을 부른다

옛집에서 4

마루 끝에 앉은 엄마 발밑으로
살구나무 그림자가 내려앉는다

바람도 그림자도
말을 걸지 않는다
그저 눌려 있다,
오래도록

옛집에서 5

재가 식은 모깃불통
연기도 향도 없다

그 앞에 엄마 앉아 있었다
모기 한 마리 없는 저녁
기억이 뜨겁게 피어오르고 있었다

목련과 쥐똥나무 울타리

햇살에 반쯤 열린
목련꽃 한 송이
쥐똥나무 울타리 위로 기울어 있다

참새 깃털
몇 개 떨어져 있고
잔가지는 바람을 참는다

누가 지나갔는지
노란 포스트잇
울타리 틈에 끼어 있다

창틀 위 귤

창틀 위에
귤 한 알
반쯤 말라 있다

빛은 겨우 닿고
껍질은 안쪽으로
말려들었다

바람도
아무도
아직 그 자리를 몰랐다

가을날 은행나무 아래서

노랑나비
떼 지어 앉아 있다

죽으면 나비가 될까?

갑자기 바람
훅, 분다

은행잎
와르르 날아간다

잎 하나
어깨에 내려 앉는다

엄마 냄새가 난다

제6부.

사라지는 것들과 기억의 방

지나간 말들, 닫힌 문, 식은 찻잔

부재는 풍경이 되고

기억은 조용한 방 안에 눕는다

우리는 그렇게 하루를 껴안고 산다

떠난 뒤의 풍경

슬리퍼 한 짝
신발장 밖으로 나와 있고

식탁 위
뒤집힌 컵 하나

의자는 밀려났고
커튼은 바람을 모르고 있다

문은 닫혔지만
어딘가 여전히 열린 듯한

기억의 자리

사진틀 안
빛이 바랬고

침대 머리맡
접힌 담요 위로
베개는 누워 있다

책갈피에 남겨둔
향기 한 조각

그것도 이름을 잃었다

돌아오지 않는 오후

벽시계는
세 시에서
한참을 맴돌았다

창밖엔
구름이 지나갔지만

방 안엔
그림자만 걸었다

문은 여전히 닫혀 있고

한낮의 방에서

벽시계가
한 번 울리고 멈췄다

커튼은
빛의 방향을 놓치고
반쯤 주저앉았다

책상 모서리엔
마른 꽃
꺾인 채 놓여 있고

먼지가 가라앉는 사이
노트북은
조용히 스스로를 닫았다

새벽의 방에서

문틈으로
먼 빛이 스며들고

커튼 아래
차가운 공기 한 줄기

책상 위
닫힌 책에선
네 이름이 접혀 있고

마른 꽃잎은
다시
소리를 낸다

벽시계는
침묵을 분 단위로 나눈다

닫힌 문 앞에서

문 앞에
우산이 접힌 채
젖은 바닥을 바라본다

현관등은
켜진 적도 꺼진 적도 없이

그 사람의 발자국만
희미하게 남았다

눈 이별 아침

겨울이 왔습니다
사람들이 차가운 또는 추운
이라고 말하는 그 겨울입니다

눈이 왔습니다
사람들이 새하얀 또는 펑펑
이라고 말하는 그 눈입니다

이별이 왔습니다
사람들이 아픈 또는 슬픈
이라고 말하는 그 이별입니다

아침이 왔습니다
사람들이 밝은 또는 희망찬
이라고 말하는 그 아침입니다

눈 뜬 아침이
온통 백설 공화국입니다
펑펑 울고 난 다음 날입니다

도시의 네거리

비에 젖은 신호등 아래
우산들 몇 개 모여
멈춰 있다
커피 향 같은 숨결들
횡단보도 끝에서 날아온다

노점의 붕어빵은
속을 익히고 있고
건너편 벤치에는
누군가 놓고 간 검은 장갑 한 짝
잃어버린 말들이 거기 앉아 있다

녹색 불을 기다리며
주머니 속 구겨진 영수증을 만진다
문득,
내일이 청구서같이 다가온다

겨울, 한 장의 이미지 1

눈 쏟아진 날
기와지붕 위로 하얀 파도 굽이쳤다
전봇대가 서걱 얼었다
마당 구석 뒤집힌 양동이
숨을 죽인 채 고요를 가득 품었다

겨울, 한 장의 이미지 2

고샅길
개 한 마리
눈을 밟고
먼 산 너머를 보다

멈춘 발자국에
잠시 머물던 체온
하얀 적막 속으로 스며들다

나뭇가지에
참새
작은 날개를 떨다
발을 매달아 놓고
눈 속으로 스르르 스며들다

고드름

처마 끝
겨울의 손가락

바람 스치면
투명한 한숨

햇살 오면
조용한 눈물

사라지는 순간도
흔적 남기지 않는

겨울의
가장 맑은 기억

제7부.

죽음, 신성, 그리고 빛

허공에 매달린 십자가

말이 닿지 않는 자리에서

빛은 뼈처럼 솟고

우리는 거꾸로 된 하늘 아래 묵상한다

죽은 것들이 만든 풍경 1

부러진 썰매 옆
등을 말고 누운 털의 잔설

개는 오래전
달을 향해 짖던 시간을 삼켰고
이젠 혀도 믈었다

발굽처럼 갈라진 발자국
바람이 덮지 못한 귀 한쪽
아직도 주인을 기다리는

이름을 불러주면
눈 속에서 한- 번
더 꼬리를 흔들 것 같은

눈은 다시 내린다
죽음보다 고요하게
기억의 체온만 남긴 채

죽은 것들이 만든 풍경 2

낡은 지붕 위,
깃털 두어 개 쓸려 있고
텅 빈 눈구멍이 말라 있다

짐승의 두개골
부리에 찔린 듯 엎드린 채
이끼와 함께 숨 쉬는

바람이 지나가고
아무것도 울리지 않는
돌에 새긴 이름조차 벗겨진 봄

죽은 것들이 만든 풍경 3

잡초에 묻힌 레일 아래
털 한 줌 남았다
늦은 열차도 오지 않는 오후

기억은 간이역 앞의 파란 그릇
아직 빗물이 고여 있고
햇살이 눕는 각도가 익숙하다

차마 묻지 못한 시간만
덜컹거린다
목소리 없는 종소리처럼

죽은 것들이 만든 풍경 4

왜인지는 알 수 없는,
갈대는 그것을 잊지 못해
자꾸만 고개를 흔들었고

노루는 없지만
흙 속에 숨은 뼈마디들
같은 자리에 김이 오르는

가을은 멈추지 않고
죽음 곁에도
풍경은 그대로 물들 뿐

콘클라베

닫힌 문 뒤로 세상이 멈췄다
백색 연기를 기다리는 시간이 떠돈다

침묵의 심장 속
기도는 불꽃처럼 흔들리고
붉은 옷자락 아래
무겁게 얹힌 운명의 돌

천 년의 시간들이 숨죽이며 바라본다
손끝마다 떨리는 선택의 무게
어둠 속 별처럼 빛나

문이 열릴 때
세상이 하얀 숨을 내쉴 것이다

운명은 신의 손에 있고
그 손을 잡는 건 우리의 기도

기다림의 시간
한 조각의 빛과
어둠을 밀어내는 목소리

닫힌 마음, 닫힌 세상 사이
기도로만 열리는 문 앞에서

하얀 연기 속으로
마침내
이루어진 이름이 피어오른다

허공에 묻힌 십자가

울음조차 지나간 뒤
하늘 끝에
십자가 하나 묻어두었다

그림자도 없고
빛도 없는 자리

말라버린 바람
기도보다 무거운 침묵
그 아래
허공은 오래도록 꿇어앉아 있었다

그날 이후
나는 눈을 감을 때마다
하늘을 내려다본다

허공의 묘지

하늘 한복판에
십자가가 거꾸로 자란다

구름은 그것을 피하고
별들은 눈을 감는다

누군가 허공에
구멍을 내고
자기 이름을 묻었다

검은 비닐처럼 펄럭이는 바람
그 아래
새 떼가 입을 다문 채 맴돈다

발이 닿지 않는 길을 걸으며
십자가가 피운
꽃을 바라본다

그 향기
너무 조용해서
귓속이 울린다

성당이 있는 풍경

허공 깊은 곳
눈이 없는 사제들이
빛의 못을 박고 있다

십자가 하나
공중에 떠 있다

그 아래
시간은 발이 없고
새들은 거꾸로 운다

말의 무게로 가라앉은
기도 몇 개
검은 나선으로 소용돌이친다

허공을 건너는 사다리를 타고
십자가의 이면에 도착하면

거기엔 이름 없는 하늘이 있고
그 하늘엔 문이 하나
숨 쉬고 있다

십자가가 있는 풍경 1

밤의 등뼈가 꺾이는 순간
하늘 한복판에서
뿔 하나 솟았다

끝엔
십자가가 피처럼 맺혀 있었고
빛은 그 주위를 돌다 지쳤다

허공이 숨을 쉬자
눈동자 없는 별들이
일제히 고개를 떨궜다

무릎이 없는 발로
그 뿔을 타고 오르며
그림자를 잃어버렸다

위로, 더 위로
현실의 피부가 벗겨지는 곳

그곳에서
처음으로
말 없는 신을 보았다

십자가가 있는 풍경 2

하늘이 뒤집힌 날
구름 틈에서
문이 하나 사라졌다

바람은 기억을 잃고
새들은 눈을 감는다

무릎 꿇은 허공 위에
십자가가 붉게 심어진다

그곳엔
기도도 돌아갈 길을 잃는다

십자가가 있는 풍경 3

한밤중
별들이 제 목소리를 끊고
허공 깊은 데서
뿔 하나 올린다

무겁게 흔들리는
십자가의 고리

시간이 그 아래서
자라난다
거꾸로, 거꾸로만

십자가가 있는 풍경 4

내가 걷는 길에는
발자국이 없다

빛은 발끝을 피하고
그림자는 머리 위에 솟는다

십자가의 잔상 속
안에 있는 목소리가
허공을 가만히
밀어낸다

십자가가 있는 풍경 5

허공이 한숨을 쉬자
달이 흔들리고
비늘처럼 쏟아지는
말씀

이미
침묵의 계단을 올라
십자가의 숨결 속으로
나를 묻었다

십자가가 있는 풍경 6

이제 나는 없다
다만 십자가 하나
내 안에서 천천히
피어나고 있다

허공이 나를 기억하지 못해도
나는 그 뿔을 타고
다시
잊힌 하늘을 향해 떨어진다

무게 없는 별 하나로

나선의 끝
- 경주 문화회관 계단에서

나선형 계단을 오른다
발끝마다 시간이 구겨지고
그림자는 벽에 박힌다

돌아선 순간
발밑이 열리고
나는 위로 떨어진다

중력은 방향을 잃고
공중에는 계단이 끊어졌다

한 발, 한 발
텅 빈 하늘 속을 디디며
나는 나를 놓아본다

떨어지면서 올라가고
사라지면서 도착하는 곳

그 끝에,
나선처럼 비틀린
한 점의 빛

나는 내가
어디에 있는지 알 수 없다

다만,
그 빛이 나를 바라보고 있다

제8부.

그림과 유산, 사유의 조각들

해바라기 붓끝, 고흐의 별밤,

그리고 플라스틱 생수병의 침묵까지

이 시집의 가장자리를 장식하는

삶의 은유들

해바라기*

헬로 하면
옐로로 대답하지
널 따르는 것은
압생트의 매혹적인 향기 때문

아를의 하늘은 늘 해바라기 빛
단순하고, 짙고, 굵은 덩어리
의자가 되고
화병에 꽂힌 꽃이 되고
잘린 귀를 감싼 붕대가 되고

불꽃 같은 꽃잎 축 늘어져
충혈된 하루의 양식은
소진하고 소진해도 소진되지 않는
태양의 색깔뿐

이젠 꽃만 먹고 살자
꽃이 말하고 꽃이 주인이고 꽃이 꿈꾸고
꽃으로만 노래하게

떠나온 도시까지 꽃은 따라와서
방 안 가득 해를 그려 넣고 있어

* 빈센트 반 고흐의 유화. 1889년작

탕기 영감*

사람을 그리고 나면
또다시 사람이 그립다

귀를 잘라내고 난 후
눈은 귀 쪽으로 옮겨와
눈 사이가 넓어졌다

기모노를 좋아하는 여자는
오사카를 떠나듯 곁을 떠났고

사막의 모래로 벽화를 그려 주고 얻은
가죽 외투로 바람을 막아낸 후
비로소 시장기를 느꼈다

배고픈 하루가 손등에 핏줄로 섰다

* 빈센트 반 고흐의 유화. 1887년작

론강의 별이 빛나는 밤*

내 가슴에 푸른 커튼 내려온 후
사람들 가슴에 동굴 하나 닫고 있다는 것 알았다

별은 한없이 멀리 도망 나온 나
별들 하늘로 가기 전
푸른 물속 거품으로 태어난 것

하늘 높아지고 땅 식기 전
구름 위로 난 구멍이었던 것을
아를의 바람과 압생트 푸른 향기가
구멍 난 신혼 방보다
붉고 뜨거웠던 것을

가로등에 걸린 그림자가
유난히 긴 밤이었다

* 빈센트 반 고흐의 유화. 1888년작

플라스틱의 계보

훈구도 사대도 아니었어
그보다 훨씬 전 일이었지
그땐 사색이란 없었어
통틀어 플랑크톤이라고 나중에 알려졌을 뿐
생각을 좀 했으면 지질에 맞게 잘 살아남았을 텐데
그렇게 매장될 줄은 아무도 몰랐지
그래도 번식력만큼은 시간을 초월했어
진화의 방식도 대단했지
진화엔 선악이 없어
바람 없이도 잘 사는 능력이 생겼어
부활이 이런 것이야
부와 권력은 절정, 이미 세상을 통째로 지배했어
언젠가는 신진들 세상이 오겠지만
조상의 계보는 찬란했고 위세는 아직도 건재해

이제 겨우 라벨 벗긴 생수병을 생각했을 뿐이니까

야산 들국화

길도 없는 오르막
버려진 비닐 조각 사이
들국화 피었습니다

가을마다 그 자리
바람에 묻혀온 말들
풀어 헤치듯 피고는
아득히 저뭅니다

노을이 속을 비우고
끝까지 꽃인 체 합니다